BEI GRIN MACHT SICH IHR WISSEN BEZAHLT

AF136039

- Wir veröffentlichen Ihre Hausarbeit,
  Bachelor- und Masterarbeit

- Ihr eigenes eBook und Buch -
  weltweit in allen wichtigen Shops

- Verdienen Sie an jedem Verkauf

Jetzt bei www.GRIN.com hochladen
und kostenlos publizieren

Bibliografische Information der Deutschen Nationalbibliothek:

Die Deutsche Bibliothek verzeichnet diese Publikation in der Deutschen National-bibliografie; detaillierte bibliografische Daten sind im Internet über http://dnb.d-nb.de/ abrufbar.

Dieses Werk sowie alle darin enthaltenen einzelnen Beiträge und Abbildungen sind urheberrechtlich geschützt. Jede Verwertung, die nicht ausdrücklich vom Urheberrechtsschutz zugelassen ist, bedarf der vorherigen Zustimmung des Verla-ges. Das gilt insbesondere für Vervielfältigungen, Bearbeitungen, Übersetzungen, Mikroverfilmungen, Auswertungen durch Datenbanken und für die Einspeicherung und Verarbeitung in elektronische Systeme. Alle Rechte, auch die des auszugsweisen Nachdrucks, der fotomechanischen Wiedergabe (einschließlich Mikrokopie) sowie der Auswertung durch Datenbanken oder ähnliche Einrichtungen, vorbehalten.

Impressum:

Copyright © 2020 GRIN Verlag
Druck und Bindung: Books on Demand GmbH, Norderstedt Germany
ISBN: 9783346252937

Dieses Buch bei GRIN:

https://www.grin.com/document/931842

Anonym

Kommunikation und Führung. Über Gesprächsführung bis hin zur Auseinandersetzung mit dem Rollenkonzept von Belbin und der Transaktionsanalyse

GRIN Verlag

GRIN - Your knowledge has value

Der GRIN Verlag publiziert seit 1998 wissenschaftliche Arbeiten von Studenten, Hochschullehrern und anderen Akademikern als eBook und gedrucktes Buch. Die Verlagswebsite www.grin.com ist die ideale Plattform zur Veröffentlichung von Hausarbeiten, Abschlussarbeiten, wissenschaftlichen Aufsätzen, Dissertationen und Fachbüchern.

Besuchen Sie uns im Internet:

http://www.grin.com/

http://www.facebook.com/grincom

http://www.twitter.com/grin_com

Einsendeaufgaben

Alternative C

Studiengang:

Wirtschaftspsychologie

Abbildungsverzeichnis

Inhaltsverzeichnis

Textteil zu Aufgabe C1

Jedes Mitarbeitergespräch verfolgt ein bestimmtes Ziel, damit dieses auch erreicht werden kann, ist eine gründliche Vorbereitung von existenzieller Bedeutung. In dem vorliegenden Fall sucht ein Geschäftsführer das Gespräch mit seinem Mitarbeiter, Herrn Späth. Anlass ist dessen nahezu tägliches Zuspätkommen, da er seinen Sohn erst ab 8:00 Uhr in den Kindergarten bringen kann und danach eine staureiche Autofahrt bewältigen muss. Ebenfalls kann man beobachten, dass Herr Späth versucht, diese Verspätung mit Überstunden auszugleichen.

Damit das Gespräch lösungsfokussiert und für beide Parteien erfolgreich wird, bietet es sich für den Geschäftsführer an, im Vorfeld einen Leitfaden zu entwickeln, der ihm hilft. typische Kommunikationsfehler zu vermeiden.

Die Vorgehensweise des Geschäftsführers könnte sich wie folgt, in sechs Schritte gliedern:

1. Die Vorbereitung auf das Gespräch
2. Gesprächseröffnung
3. Situationsanalyse
4. Zielfindung und -vereinbarung
5. Maßnahmenplanung
6. Abschluss und Bilanz.

Im ersten Schritt, der Vorbereitung auf das Gespräch, wird Herr Späth benachrichtigt wann und wieso ein Mitarbeitergespräch stattfinden wird. Dadurch erhält er die Chance, sich selbst auf das Gespräch vorzubereiten und wird nicht im Dunkeln darüber gelassen, was der Anlass für dieses ist. Des Weiteren werden ein geeigneter Raum, hier das Büro des Geschäftsführers und ein geeigneter Zeitpunkt gefunden, damit sich weder dieser noch Herr Späth in Zeitdruck befinden. Dies könnte sich negativ auf die Beziehungsebene auswirken, da sich bei möglichen Unterbrechungen einer der Gesprächspartner nicht ausreichend wertgeschätzt und respektiert fühlen könnte (Berger, 2018, S. 189). Im zweiten Teil seiner Vorbereitung setzt sich der Geschäftsführer genauer mit dem Gesprächsgrund auseinander. Als erstes gilt es den Anlass des Gesprächs zu erfassen, welchen man kurz und prägnant zusammenfassen sollte, um diesen im später folgenden Gespräch deutlich vortragen zu können. Ist nun ein Teil der Sachebene der Kommunikation geklärt, nimmt man sich Zeit für die Beziehungsebene. Hierunter fällt die tiefere Auseinandersetzung mit Herr Späth. Darunter fällt das Sammeln von Informationen, beispielsweise über das Alter, den Aufgabenbereichen im Unternehmen, das Lebensumfeld, die Interessen und die bisherigen gemeinsam erlebten Ereignisse (Fersch, 2005, S.72). Von großem Nutzen kann ebenfalls eine Auflistung der bisher erlebten Erfolge im Unternehmen sein. All diese Informationen helfen, sich gedanklich auf Herrn Späth einzustellen, abzuwägen welche Emotionen das Gesprächsthema bei ihm auslösen und wie er mit diesen umgehen könnte beziehungsweise inwiefern der

Geschäftsführer sich darauf vorbereiten kann. Das nun erlangte Verständnis für die Person dient unter anderem als Basis für den nächsten Schritt der Vorbereitung, die Formulierung der Gesprächsziele. Hierunter könnte beispielsweise die gemeinsame Findung eines alternativen Arbeitszeitmodells fallen, welches sich besser an Herrn Späths Lebensumstände anpasst. Entscheidet sich der Geschäftsführer für dieses Ziel, ist es seine Aufgabe, die rechtliche Seite zu beachten. Hier ist es ratsam ein Gespräch mit der Personalabteilung zu suchen, die ihm sowohl Zeitmodelle als auch die damit verbundenen Auswirkungen auf den bestehenden Arbeitsvertrag näherbringen kann. Ebenfalls wird so vermieden, Angebote in den Raum zu stellen, die juristisch nicht umsetzbar sind. Ratsam wäre es, hier Unterlagen anfertigen zu lassen in denen die jeweiligen Alternativen samt deren Auswirkungen und Bedingungen näher erläutert werden (Siegel, 2018, S. 33 – 35).

Nachdem der Geschäftsführer sich sicher ist, alle nötigen Informationen, Unterlagen und Meinungen zu dem Thema eingeholt zu haben, konzentriert er sich auf die Gliederung des Gesprächs. Hier konzipiert er ein Gesprächsgerüst, welches ihm helfen wird, sein Gesprächsziel zu erreichen. Für das vorliegende Gespräch bietet es sich an, zuerst den Grund für Herrn Späths Zuspätkommen genauer zu erfragen, ebenfalls sollte auf seine Bemühungen eingegangen werden, dieses durch Überstunden auszugleichen. Des Weiteren muss der Geschäftsführer seine Gefühle über die aktuelle Situation darlegen, um ein gemeinsames Verständnis zu erzielen. Nachdem beide Parteien die Lage des anderen nachvollziehen können und aktiv zur Kenntnis genommen haben, kann der Geschäftsführer Herrn Späth Raum lassen, selbst Lösungsvorschläge zu formulieren. Diesen kann er dann seine eigenen gegenüberstellen und es folgt eine weitere Phase des Austausches. Nun kann gemeinsam die bestmögliche Alternative herausgearbeitet werden. Kommt man zu einer Übereinstimmung, sollte diese schriftlich festgehalten werden und falls es zu Vertragsänderungen kommt, ein neuer Termin ausgemacht werden, an dem die Unterzeichnung des neuen Vertrags erfolgt. Nachdem sich der Geschäftsführer über sein Vorgehen im Klaren ist, kann er seine Vorbereitungen abschließen und es kommt zur zweiten Phase, der Gesprächseröffnung des tatsächlichen Gesprächs (Fersch, 2005, S. 72 - 73).

Wichtig ist, dass der Geschäftsführer von Beginn an eine angenehme Gesprächsatmosphäre herstellt. Dies geschieht durch eine respektvolle Begrüßung mit direkter Ansprache, Händeschütteln und einer bewussten Steuerung non-verbaler Signale. Das Gespräch sollte bewusst positiv begonnen werden, in dem man sich in den ersten ein bis fünf Minuten über angenehme Themen, welche noch nicht mit dem eigentlichen Gesprächsanlass zusammenhängen, unterhält. Hier ist das in der Gesprächsvorbereitung erlangte Wissen über den Mitarbeiter nützlich wodurch an gemeinsamen Interessen, zuletzt bearbeiteten Projekten oder alltäglichen Themen wie dem Wetter angesetzt werden kann. Hierdurch wird versucht, Herrn Späth seine Aufregung zu nehmen und Interesse an seiner Person zu signalisieren. Merkt Herr Späth, dass er sich in einem Rahmen befindet, der von Wertschätzung, Empathie und Offenheit geprägt ist, kann sich dies positiv auf den Verlauf des Gesprächs auswirken und bereits zu Beginn ablehnendes Verhalten und das Gefühl, angegriffen zu werden, reduzieren (Fersch, 2005, S.74). Von größter Bedeutung ist trotz allem, dass dieser Teil nicht zu lange dauert, damit der eigentliche Grund der Zusammenkunft nicht unter geht. Bei der Überleitung zum Gesprächsanlass bietet es sich an, den Grund der Zusammenkunft einmal kurz und prägnant zu erläutern. Der Geschäftsführer sollte hier ebenfalls das Ziel seines Gespräches anführen. Im vorliegenden Fall wäre dies eine Lösung zu finden wie Herr Späths Arbeitstag gestaltet werden kann, dass es nicht mehr zu Verspätungen kommt. Sinnvoll ist festzulegen, dass sich zuerst über die Gründe, die zur aktuellen Situation führen, ausgetauscht wird, um dann über mögliche Lösungen zu sprechen. Wenn Herr Späth dieser Vorgehensweise zustimmt, kann zum nächsten Punkt, der Situationsanalyse übergegangen werden (Berger, 2018, S. 191).

In der Situationsanalyse widmen sich beide Parteien, wie miteinander vereinbart, dem Austausch der eigenen Beobachtungen und Einschätzungen bezüglich der vorliegenden Situation. Das Ziel ist es zum einem eine Übereinkunft diesbezüglich zu erlangen, zum anderen sich über Verbesserungsmöglichkeiten auszutauschen. Der Geschäftsführer sollte sich darauf konzentrieren nach einem Austausch über die aktuelle Situation, nochmals klar zu verdeutlichen, dass der Zweck des Gespräches nicht ist, Schuldzuweisungen auszusprechen, sondern einen Weg zu finden die Situation in Zukunft anders zu gestalten. Dieser Fokus auf das „künftige anders machen", soll dabei helfen, Konflikte zu vermeiden und die Kooperation hervorzuheben (Berger, 2018, S. 191).

Für den positiven Verlauf des Gespräches ist der Einsatz gewisser Gesprächstechniken förderlich. Die erste Technik, welche der Geschäftsführer das ganze Gespräch über anwenden sollte, ist das Aktive Zuhören. Hierunter versteht man das regelmäßige Zusammenfassen der vom Mitarbeiter gesendeten Nachrichten, in eigene Worte (Luckau, 2018, S.61). Die Hauptaufgabe ist es, seine eigenen Wertevorstellungen, aber auch die Emotionen des Senders herauszufiltern und die Botschaft mit einer neuen neutralen Kernaussage auf den Punkt zu bringen. Der Vorgang der Umformulierung von negativen Anteilen einer Nachricht, zu lösungsorientierten und positiven wird Verbalisieren genannt. Das Ziel des Aktiven Zuhörens ist es, durch das Paraphrasieren des Wesentlichen, die Diskussion auf wichtige Fragen zu beschränken und ablenkendes Beiwerk auszusieben. Des Weiteren wird dadurch erzielt, dass das gegenseitige Verständnis maximiert wird und unterschiedliche Interpretationen von Aussagen verhindert werden. Betrachtet man die Beziehungsebene, hilft diese Gesprächstechnik dabei, Ärger und Frustration zu reduzieren, denn der Mitarbeiter spürt, dass ihm zugehört wird und die Bereitschaft vorhanden ist, seinen Standpunkt zu verstehen (Koschany-Rohbeck, 2018, S. 117).

Unterstützend hierzu wirkt die Umformulierung von Du-Botschaften in Ich-Botschaften. Du-Aussagen werden häufig abwertend und anschuldigend aufgefasst und zählen zu einem der Hauptprobleme bei der Kommunikation in Konfliktsituationen. Der Hauptunterschied der beiden

Nachrichtenformen ist das bei Ich-Botschaften die eigenen Gefühle, Gedanken, Bedürfnisse und Meinungen verbalisiert werden, wohingegen in Du-Botschaften über die andere Person gesprochen wird und deren Verhalten bewertet wird. Vergleichen wir die Wirkung im Bezug auf das folgende Gespräch, würde eine Du - Botschaft wie folgt aussehen: „Sie schaffen es nie, pünktlich zu sein!". Der Mitarbeiter wird diese Aussage als Angriff auffassen und die Wahrscheinlichkeit steigt das er eine passiv-aggressive Abwehrhaltung einnehmen wird. Die Ich-Botschaft hingegen: „Mir liegt viel daran das alle meine Mitarbeiter um die vereinbarte Uhrzeit beginnen, damit ich bei meiner Terminplanung nicht in Schwierigkeiten komme.", spiegelt dieselbe Aussage wieder, wird aber mit größter Wahrscheinlichkeit eher die Bereitschaft des Mitarbeiters erhöhen sein Verhalten zu ändern (Rosner & Winheller, 2019, S. 147).

Diese Techniken sollen dafür sorgen, dass Herr Späth im Besten Fall so kooperativ auf Zielvorschläge des Geschäftsführers reagiert, da er merkt das dieser nicht nur an seinem eigenen Wohlergehen sondern auch an dem von ihm interessiert ist, das es nicht zu hinderlichen Gegenargumenten kommt. Sollte dies trotzdem der Fall sein, ist es ratsam Alternativvorschläge zu erfragen, diese auf Vor- und Nachteile zu untersuchen und dann erneut dem eigenen Vorschlag und den mit diesen zusammenhängen Vorteilen gegenüber zu stellen. Nur eine gemeinsam erarbeitete Lösung, wird sich auf lange Sicht bewähren. Mögliche Gegenargumente von Herrn Späth könnten sich darauf beziehen, dass er versucht seine morgendlichen Fehlzeiten durch Überstunden auszugleichen. Hier sollte der Geschäftsführer Herr Späths Bemühungen zwar anerkennen, ihm jedoch auch erklären das es für ihn wichtig ist zu wissen wann seine Mitarbeiter an ihrem Arbeitsplatz anzutreffen sind, um beispielsweise Termine planen zu können. Darüber hinaus kann er Herrn Späth auf seinen Arbeitsvertrag hinweisen, in welchem die vorgegebenen Zeiten vertraglich geregelt sind und wieder daran erinnern das sie heute zusammengekommen sind um eine Lösung zu finden, die für beide Parteien annehmbar ist.

Im vierten Schritt, der Zielfindung und Zielvereinbarung, werden die soeben gesammelten Verbesserungsvorschläge in konkrete Ziele beziehungsweise Pläne umgewandelt. An diesem Punkt kann der Geschäftsführer sein zuvor bei der Personalabteilung eingeholtes Wissen einbringen. Herr Späth und sein Geschäftsführer einigen sich in dieser Phase darauf, seinen Arbeitsvertrag, um ein Gleitzeitmodell mit Kernarbeitszeit, in welcher Anwesenheitspflicht besteht, zu erweitern. Dies legt fest das Herr Späths Kernarbeitszeit von 10:00 – 15:30 Uhr angesetzt ist und seine Gleitzeit morgens von 08:00 – 10:00 Uhr, sowie von 15:30 – 18:30 Uhr. Diese Vereinbarung gibt Herrn Späth die nötige Flexibilität, kommt aber auch dem Geschäftsführer entgegen da er weis zu welchen Zeiten sein Mitarbeiter im Büro anzutreffen ist (Berger, 2018, S. 192).

In dem siebten Schritt, der Maßnahmenplanung, wird genau festgelegt welche Maßnahmen benötigt werden, um den Plan in die Tat umzusetzen. Der Geschäftsführer wird hier einen Termin mit seiner Personalabteilung vereinbaren, um einen neuen Vertrag aufzusetzen und einen weiteren

Termin mit Herrn Späth, bei dem es zur Unterzeichnung kommt. Dies wird vorzugsweise am nächsten Tag stattfinden, damit beide Parteien möglichst schnell von der neuen Regelung profitieren können.

Abschließend wird Bilanz gezogen. Der Geschäftsführer hat die Ergebnisse des Gesprächs im Verlauf mitprotokolliert und kann nun ein kurzes Abschluss Fazit verfassen, ebenfalls sollte er den Termin zur Unterzeichnung des neuen Vertrages hier festhalten. Die Dokumente unterzeichnet sowohl er selbst als auch Herr Späth, damit sichern sich beide Parteien die gegenseitige Vertraulichkeit zu (Berger, 2018, S. 193).

Der Geschäftsführer konnte mit dem gewählten Leitfaden verhindern, dass sich der Fokus des Gesprächs zu lange auf die emotionalen Aspekte der Situation legt. Die präzise Vorbereitung hat ihm geholfen, mit einem tiefen Verständnis für seinen Mitarbeiter in das Gespräch zu gehen und somit auf mögliche Gegenargumente oder emotionale Ausbrüche vorbereitet zu sein. Indem er von vornherein einen klaren Leitfaden im Kopf hatte, konnte er das Gespräch zielgerichtet in die gewünschte Richtung steuern und intervenieren, sobald sich das Gespräch von dieser zu entfernen schien. Die angewandten Gesprächstechniken stellen eine wertschätzende Basis zwischen beiden Parteien her, diese soll dafür sorgen, dass Herr Späth sich weder angegriffen fühlt noch in die Enge getrieben und dadurch eine abweisende Haltung einnimmt, die Gesprächsschädigend sein könnte.

Textteil zu Aufgabe C2

Das Rollenkonzept von Meredith Belbin gehört zu den bekanntesten Modellen der Teamentwicklung. Der Professor setzte sich in den 70er Jahren verstärkt mit den Einflussfaktoren der Teamarbeit auseinander. Im Zuge seiner Studien fand er heraus, dass die Zusammensetzung des Teams ausschlaggebend für die Teamleistung ist. Denn diese ergibt sich aus der wechselseitigen Beeinflussung unterschiedlicher Teamrollen. Belbin definiert eine Teamrolle als „a pattern of behavior characteristic of the way in which one team member interacts with another so as to facilitate the progress of the team as a whole" (Heinemann, Weiß, Sander, Spieker, Strigel, 2009, S. 40).

Es werden zwei Arten unterschieden: Individuelle Teamrollen, welche sich über das Verhalten des Einzelnen im Team bestimmen und funktionale Teamrollen, welche sich auf technisches Wissen oder die betrieblichen Kenntnisse beziehen, die für die Arbeit relevant sind (Aritzeta, Swailes, Senior, 2007, S. 99).

Die Individuellen Teamrollen werden durch den von Belbin entwickelten BTRSPI Test (Belbin Team-Role Self-Perception Inventory) erfasst. Dabei handelt es sich um einen Selbsteinschätzungsfragebogen mit einer Vielzahl an verhaltens- und erlebensbezogenen Selbstaussagen. Die Testperson vergibt ein bis zehn Punkte, um den eigenen Grad der Zustimmung auszudrücken. Diese werden bei der Auswertung addiert und ergeben die eigene Teamrolle (Bank, 2018, S. 72).

Belbin stellt neun Teamrollen vor, die sich durch verschiedene Persönlichkeitsmerkmale und gruppeninternes Verhalten unterscheiden und wiederrum nach Art ihrer Orientierung kategorisiert werden:

1. Handlungsorientierte Rollen: der Macher, der Umsetzer, der Perfektionist
2. Wissensorientierte Rollen: der Erfinder, der Beobachter, der Spezialist
3. Kommunikationsorientierte Rollen: der Koordinator, der Wegbereiter, der Teamarbeiter

Laut Belbin kann ein Team nur dann das Maximum an Leistung erreichen, wenn alle neun der oben aufgeführten Rollen besetzt sind. Denn jede dieser Teamrollen leistet einen wichtigen Beitrag und besitzt Merkmale, Stärken aber auch Schwächen, die im Folgenden genauer analysiert werden (Arenberg, 2016, S.40).

Die Hauptaufgabe des Machers ist es, seinen Mut, Hindernisse zu überwinden, mit einzubringen. Er kann gut unter Druck arbeiten, neigt aber dazu, ungeduldig zu sein und provokativ aufzutreten. Der Umsetzer setzt Pläne in die Tat um, arbeitet diszipliniert und effizient. Dieses strategische Verhalten geht oft mit Inflexibilität einher. Die dritte handlungsorientierte Rolle nimmt der Perfektionist ein, welcher dafür sorgt, dass Fehler vermieden werden und die Ergebnisse der

Gruppe qualitativ auf dem höchsten Standard liegen. Er wird von Ängsten angetrieben und delegiert sehr ungern.

Zu der zweiten Untergruppe, den wissensorientierten Rollen, gehört der Erfinder. Seine Aufgabe ist es, neue Ideen einzubringen und durch seine unkonventionelle Art zu Denken vor allem bei schwierigen Problemen zur Lösungsfindung beizutragen. Mögliche Schwächen sind die Tendenz Details zu ignorieren und zu sehr in der eigenen Gedankenwelt zu versinken und somit zu beschäftigt zu sein, um effektiv zu kommunizieren. Der Beobachter untersucht Vorschläge und Ideen auf ihre Realisierbarkeit und ihren praktischen Nutzen für die Ziele des Teams. Er besitzt somit ein gutes Urteilsvermögen, tritt kritisch und strategisch auf. Durch seine nüchterne Verhaltensweise ist er kaum dazu in der Lage das Team zu motivieren oder zu inspirieren. Der Spezialist liefert eine hohe Fachkompetenz sowie spezielle Fertigkeiten in seinem Aufgabengebiet. Er kann somit nur zu einem kleinen Teilbereich Wissen einbringen und neigt dazu, sich auf die technische Seite zu beschränken. Insgesamt kann man ihn zwar als engagiert aber sehr selbstbezogen beschreiben.

Abschließend folgen die kommunikationsorientierten Rollen: die Aufgaben des Koordinators sind es, Entscheidungsprozesse zu fördern, Talente zu finden und die Teamarbeit zu organisieren. Gerade in Teams mit einer großen Diversität, kann er eine wichtige Unterstützung darstellen, denn er strahlt Vertrautheit und Selbstbewusstsein aus. Auf der anderen Seite kann dies zu möglichen Schwächen führen, beispielsweise können sie als manipulativ wahrgenommen werden und ihre Position ausnutzen, um ihren eigenen Anteil der Arbeit auf anderen abzuladen. Der Wegbereiter nutzt seine Extrovertiertheit und Kommunikationsstärke, um ein nützliches Netzwerk inner- und außerhalb des Teams zu entwickeln. Das Risiko besteht, dass er nach dem Abklingen seiner euphorischen Anfangsphase das Interesse verliert. Der Teamarbeiter baut Reibungspunkte innerhalb des Teams ab und sorgt für eine Verbesserung der Kommunikation und des wertschätzenden Verhaltens untereinander. Dies macht er mithilfe einer diplomatischen, einfühlsamen und ruhigen Auftretensweise. In Krisensituationen kann er unentschlossen sein und dazu neigen, Konfrontationen zu vermeiden (Arenberg, 2016, S.40).

Die genauere Auseinandersetzung mit der eigenen Teamrolle, sowie mit den Teamrollen der Kollegen und den damit einher gehenden Fähigkeiten hilft dem Individuum realistische Anforderungen zu stellen, das Verständnis untereinander zu steigern, Erwartungen anzupassen und somit Enttäuschungen zu vermindern. Ebenfalls können dadurch typische Muster im Teamverhalten erkannt werden und gezielt genutzt oder verändert werden. Eigene Schwächen werden eher erkannt und es wird ein Weg gesucht, diese mit seinen Teamkollegen auszugleichen. Das steigende soziale Miteinander und die Selbst- und Fremdreflexion der Teammitglieder wirkt sich förderlich auf das Verhältnis untereinander aus und kann zu einer Verbesserung des gesamten Arbeitsklimas führen. Belbins Ziel ist es somit nicht, Einzelpersonen in starre Rollen einzuteilen, sondern eine Basis zu schaffen, um die Gesamtperformance zu verbessern, beispielsweise durch das Füllen von unbesetzten Rollen, Verlagerung der Verantwortlichkeiten von Personen mit doppelten Zuständigkeitsbereichen oder der richtigen Individuum-Rollen-Passung um Unzufriedenheit entgegenzuwirken. Er geht davon aus, dass die Zufriedenheit bei Personen, die sich ihrer Rolle bewusst sind, höher ist als solcher, die nicht darüber in Kenntnis sind welche Rolle sie erfüllen (Recklies, 2001, S.3).

In der Praxis hält er Teams mit einer Größe von bis zu sechs Personen am sinnvollsten, da diese im Stande sind, ausgewogener und flexibler zu arbeiten. Dies führt dazu, dass Personen mehr als eine Teamrolle übernehmen müssen, wenn gewährleistet werden soll, dass alle neun Rollen besetzt werden. Da Personen meist eine Verhaltenspräferenz zu zwei oder drei Rollen zeigen, kann durch einen transparenten Findungsprozess gewährleistet werden, dass jeder Mitarbeiter die Position einnimmt, die seine Verhaltensweise am besten wiederspiegelt. Da Teamrollen nicht statisch sind, sondern einer ständigen Entwicklung und einem Reifeprozess unterliegen, beeinflusst das Individuum seine Teamrolle, wird aber auch umgekehrt von seiner Teamrolle beeinflusst. (Arenberg, 2016, S.42-44).

Trotz der anhaltenden Beliebtheit des Modells hat Belbins Teamrollenkonzept auch Grenzen. In der Praxis lassen es die personalen oder finanziellen Ressourcen oftmals nicht zu, Teams mit sechs oder mehr Mitgliedern zu gründen, wodurch die Grundvoraussetzungen nach Belbin nicht gegeben sind. Aus seinen Studien lässt sich, abgesehen von einer kurzen Erklärung über die Kombination von Rollen, nicht erschließen wie man dieses Defizit ausgleichen könnte. Des Weiteren kann es dazu kommen, dass in einem Team keine ausgewogene Rollenverteilung zu Stande kommt und somit ein einseitiges Team beispielsweise mit einer Mehrzahl von Beobachtern entsteht. Dieser Rollenkonflikt führt zu einer Unausgeglichenheit der Schwächen und Stärken, was zu Spannungen im Team und schlussendlich zu einer abnehmenden Produktivität führt (Genc, 2017). Nicht ignoriert werden kann, dass selbst wenn die Zuteilung in Rollen keine neuen Konflikte auslöst, bestehende Abneigungen oder Konkurrenzdenke dadurch nicht beseitigt werden können.

Hervorzuheben gilt auch, dass der „Belbin Team Role Self Perception Inventory" (BTRSPI) nicht die Gütekriterien, den ein psychometrisches Testverfahren standhalten sollte, erfüllt. Auf Grund der anzweifelbaren empirischen Aussagekraft des Messinstruments ist es fraglich ob der BTRSPI für die Personalauswahl eingesetzt werden sollte oder es besser wäre, den Einsatz auf die Diagnose von Stärken und Schwächen von Individuen zu beschränken. Vor allem in Anbetracht dessen, dass es sich bei diesem Messverfahren vielmehr um eine Selbsteinschätzung der Teammitglieder handelt, dessen Wahrheitsgehalt nicht überprüft werden kann (Lal Kaila, 2005, S. 678).

Zusammenfassend lässt sich sagen, dass Belbins Teamrollenkonzept dabei helfen kann, ein tieferes Verständnis und ein breiteres Wissen über Teammitglieder zu erlangen, was im besten

Fall zu einer Verbesserung von arbeitsrelevanten Faktoren führt. Trotz allem mangelt es an Nachweisen, um den Sachgehalt der Aussagen mit Forschungsergebnissen zu untermauern. Diese müssen in Zukunft nachgeholt werden, um die Güte des Konzeptes zu steigern.

Textteil zu Aufgabe C3

Der Psychologe Eric Berne entwickelte in den 60er Jahren die Transaktionsanalyse. Sein Ziel war es, kommunikative Abläufe besser zu verstehen und zwischenmenschliche Interaktion zu optimieren, sowie Menschen zu helfen, sich besser in andere Personen hineinzuversetzen und das eigene Verhalten verstehen und reflektieren zu können. Sein Konzept ergab sich aus der Beobachtung, dass Menschen ihr Verhalten innerhalb von Sekunden wechseln und beispielsweise von einer autoritären Rolle ohne Zögern in eine fürsorgliche Rolle wechseln können. Diese Beobachtungen veranlassten ihn dazu, menschliches Verhalten genauer zu untersuchen. Er kam zu dem Schluss, dass jedes Handeln einer Person einem Ich-Zustand zugeordnet werden kann. Insgesamt führt er drei verschiedene Ich-Zustände an: den Eltern-Ich Zustand, den Erwachsenen-Ich Zustand und den Kind-Ich Zustand. Das bedeutet das Eric Berne das gesamte Verhalten des Menschen, zusammen mit allem Denken, Handeln und Fühlen, in drei Persönlichkeitsbereiche untergliedert, welche sich stark voneinander unterscheiden (Steiner, 2009, S. 37 - 38).

Das Eltern-Ich beinhaltet das initiierte Verhalten der Eltern oder anderer Autoritätspersonen. Es umfasst Normen, Verhaltensweisen und Werte, die durch Nachahmung übernommen werden. Das Eltern-Ich entwickelt sich im Alter von 0-6 Jahren. Dieser Zustand ist jedoch nicht starr und gleichbleibend, sondern kann sich im Laufe des Lebens durch Erfahrungen erweitern oder vermindern. Dies geschieht durch die Konfrontation mit Situationen, in denen sich die Person selbst in einer fürsorglichen Eltern Rolle wahrnimmt oder aber wenn ihr weitere Autoritäten begegnen, die großen Einfluss ausüben (Steiner, 2009, S.39 – 41). Das Eltern-Ich teilt sich in zwei Haltungen, einmal das kritische Eltern-Ich, welches strafend, abwertend und bevormundend auftritt und das fürsorgliche Eltern-Ich, welches im Gegensatz dazu verständnisvoll, geduldig, tröstend und wohlwollend reagiert. Die Stärke der Ausprägung der beiden Strömungen spiegelt sich im Verhalten wider. Menschen bei denen das wohlwollende Eltern-Ich ausgeprägter ist, fällt es leichter, sich sowohl im Berufsleben als auch im Privaten auf neue Situationen offen einzulassen und diese selbst kritisch zu prüfen, statt vorgefertigte Meinungen zu übernehmen (Luckau, 2018, S. 35).

Das Kind-Ich ist das innere Kind in einem Menschen, was bedeutet, es ist der Zustand, in dem ein Mensch sich so verhält wie er es in Kindheitstagen getan hat. Es entsteht zeitlich parallel zu dem Eltern-Ich und kann somit auch als die innere selbstentwickelte und emotionale Reaktion, zu den im Eltern-Ich von außen eintreffenden Reizen, verstanden werden. Ist dieser Zustand aktiv, wird das Verhalten der Person als kindhaft wahrgenommen und auch dessen Gefühle, Wahrnehmungen und Gedanken entsprechen denen eines 0-6-Jährigen. Menschen wechseln gewollt in den Kind-Ich Zustand, wenn die äußeren Bedingungen es zu lassen oder sogar erfordern wie beispielsweise bei Feiern, Sportwettkämpfen oder Schauspielkursen.

Zusammenfassend kann man sagen, dass der Kind-Ich Zustand besonders in Situationen, die Lebensfreude, Spontanität, Sexualität und Kreativität mit sich bringen und erfordern, auftritt (Steiner, 2009, S.40). Das Kind-Ich wird ebenso in zwei Verhaltenstendenzen unterteilt: die natürliche, welche mit impulsivem, rebellischem und teils aggressivem Verhalten einher geht und die angepasste, welche sich durch Hilflosigkeit, Selbstmitleid, Ängstlichkeit und Abhängigkeit von anderen auszeichnet. Menschen neigen dazu zwischen den beiden Tendenzen zu wechseln, je nachdem in welcher Gefühlslage sie sich befinden und wie es von ihnen in Kindheitstagen, von den Eltern oder im weiteren Leben von anderen Autoritätspersonen, erwartet wurde (Luckau, 2018, S. 36).

Das Erwachsenen-Ich wird zur Veranschaulichung oft mit einem Computer verglichen, denn es sammelt und verarbeitet Informationen und trifft Voraussagen. Es bezieht sich auf „jene Verhaltensweisen, Gedanken und Gefühle, die eine angemessene Antwort auf das geben, was wir in unserem Inneren und unserer Umwelt gerade erleben" (Hagehülsmann & Hagehülsmann, 1998, S.17). Dieser Zustand enthält keine eigenen Emotionen, ist jedoch trotzdem in der Lage die Gefühle des Eltern-Ich Zustands und des Kind-Ich Zustands miteinzubeziehen. Diese analytisch-logische Denkweise, unterstreicht den oben angeführten Computer Vergleich. Ebenfalls verläuft die Wahrnehmung wie bei einem Algorithmus, nach Kategorien und Schemata. Dies ist ein weiterer Unterschied zum Kind-Ich (Steiner, 2009, S. 40 – 41).

Diese Analyse der individuellen Persönlichkeitsstrukturen nennt man Strukturanalyse, sie hilft dabei das Verhalten einzelner Menschen besser zu verstehen. Stehen hingegen zwei oder mehr Menschen in Kontakt miteinander, nutzt man die Transaktionsanalyse im engeren Sinne. Dieser Teil konzentriert sich auf die Analyse der Kommunikationsabläufe zwischen Menschen, in Bezug auf deren Ich-Zustände. Das heißt, man versucht Antworten darauf zu finden aus welchem Ich-Zustand eine Person handelt, welcher Ich-Zustand angesprochen und aus welchem Ich-Zustand geantwortet wird. Aus den unterschiedlichen Kombinationsmöglichkeiten entstehen diverse Muster und Gesprächsstrukturen. Unter Transaktionen selbst, versteht man die kleinste Kommunikationseinheit, die entsteht, wenn Reiz und Reaktion zwischen zwei Ich-Zuständen aufeinandertreffen (Nowak, 2011, S. 44 – 45).

Ferner unterscheidet man drei Grundarten von Transaktionen: die parallelen/komplementären Transaktionen, die gekreuzten und die verdeckten Transaktionen.

Die parallelen Transaktionen oder auch komplementären Transaktionen, stellen die einfachste Form der Kommunikation dar. Der Empfänger antwortet aus dem vom Sender gewünschten Ich-Zustand. Die Abbildung zeigt diese Transaktion, in Form von Vektoren zwischen den Ich-Zuständen des Senders und Empfängers. Es ergeben sich parallele Linien. Die unten dargestellte Kommunikation könnte so beispielsweise in einer Besprechung ablaufen, in welcher zwei Abteilungsleiter sachlich auf der Erwachsenen Ebene miteinander diskutieren.

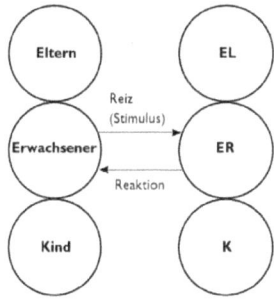

Abbildung 1: Die komplementäre Transaktion

(Quelle: Steiner, 2009, S. 45)

Nicht nur Kommunikationen auf derselben Ebene können reibungslos ablaufen, sondern auch solche Kommunikationen, die gezielt auf unterschiedlichen Ebenen ausgetragen werden, beispielsweise von Eltern-Ich zu Kind-Ich. Grundvoraussetzung ist, wie oben bereits bemerkt, das gegenseitige Einverständnis beider Kommunikationspartner.

Geschieht das Gegenteil und der Empfänger antwortet nicht aus dem vom Sender gewünschten Zustand, entstehen gekreuzte Interaktionen. Diese entstehen oft wenn neutrale Aussagen als Anschuldigungen oder Aufforderungen missverstanden werden. Die Abbildung könnte beispielsweise die Unterhaltung zweier Ehepartner darstellen, in welcher die Frau im Erwachsenen-Ich, feststellt, dass der Kaffee leer ist. Woraufhin der Mann aus dem angepassten Kind-Ich reagiert und zugibt, den Kaffee wieder leer gemacht zu haben und am Montag sofort einen neuen zu kaufen (Nowak, 2011, S. 45).

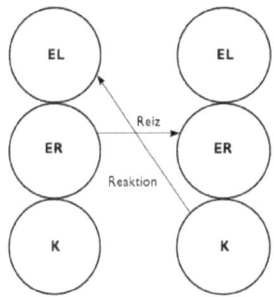

Abbildung 2: Die gekreuzte Transaktion

(Quelle: Steiner, 2009, S.45)

Sollte die Frau in Ihrer Aussage einen Vorwurf versteckt haben, wird von einer verdeckten Transaktion gesprochen, denn die Kommunikation spielt sich auf zwei Ebenen ab: der gesprochenen sozialen Ebene (hier: Erwachsenen-Ich) und der verborgenen psychologischen Ebene (hier: Kind-Ich), auf welcher der Verlauf der Transaktion entschieden wird.

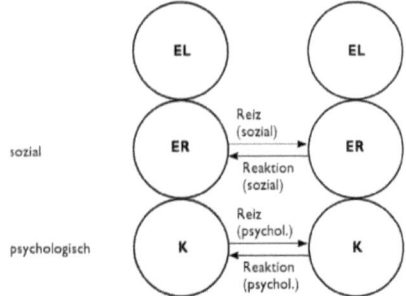

Abbildung 3: Die verdeckte Transaktion

(Quelle: Steiner, 2009, S. 46)

Die Transaktionsanalyse erweist sich im beruflichen Kontext, als nützliches Konzept um Konflikte zu lösen oder die Entstehung dieser gänzlich zu verhindern.

Dies geschieht, indem die Transaktionsanalyse dem Individuum hilft sich selbst die eigenen Handlungen, Gefühle und deren Ursachen besser zu verstehen. Vor allem die Kenntnisse über die unterschiedlichen Ich-Zustände erweisen sich hierbei als nützliche Orientierung. Des Weiteren hilft die genaue Analyse der Transaktionen zwischen mehreren Menschen dabei, Gespräche, Konflikte oder Beziehungen transparenter wirken zu lassen. Vor allem im Anbetracht der Tatsache, dass sowohl verbales als auch non-verbales Verhalten in die Untersuchung einfließt. Dies ist vor allem in Konfliktsituationen, die auf den ersten Blick aussichtslos erscheinen, von Vorteil. Beobachtet die Führungskraft einen Konflikt zwischen zwei Mitarbeitern, die um dasselbe Projekt konkurrieren und stellt fest, dass einer der beiden bei diesem Streit in die Rolle des Kind-Ich gedrängt wird, sollte er sein Wissen nutzen und als Mediator fungieren. Durch seine Kenntnisse ist er sich darüber bewusst das auf der aktuellen Kommunikationsebene keine konstruktive Klärung stattfinden kann, weshalb er versuchen sollte diese Situation auf eine ebenbürtige Ebene zu lenken und somit den Mitarbeitern das nötige Werkzeug zur Hand zu geben um sich der eigentlichen Sachlage zu wenden zu können (Nowak, 2011, S. 161). Nicht nur als Mediator, sondern auch als Verhandlungspartner selbst ist das durch die Transaktionsanalyse gewonnene Wissen äußerst nützlich. Nur wer prinzipiell weiß wie eine gelungene Kommunikation ablaufen sollte, kann diese auch gezielt führen und in komplexen Situationen dafür sorgen das die Interaktion positiv bleibt. In Verhandlungssituationen sollte sich stets bemüht werden Unterhaltungen im Erwachsenen-Ich zu halten. Es gibt Ausnahmesituationen, wenn beispielsweise die emotionale Identifikation mit einem Gegenstand hergestellt werden soll, in denen sich der Wechsel in das Kind-Ich als sinnvoll erweisen könnte. Von größter Bedeutung ist hier das Bewusstsein über seine eigenen Ich-Zustände und die Fähigkeit, sich selbst Realitätsgetreu einschätzen zu können. Nicht nur die Auseinandersetzung mit sich selbst erweist sich als nützlich, sondern auch die damit einhergehende Fähigkeit andere Menschen besser zu verstehen und somit besser auf Kunden oder Mitarbeiter eingehen zu können (Heiml, 2017, S. 4-5).

Zusammenfassend gesagt wird menschliches Verhalten durch die Transaktionsanalyse transparenter, erklärbar und verstehbar. Vor allem bei non-verbalem Verhalten ist dies von großem Vorteil. Ebenfalls ermöglicht das Erkennen der Kommunikationsregeln sich diese zu nutzen zu machen, um gezielter auf Menschen einzugehen und Gesprächssequenzen nach den eigenen Vorstellungen lenken zu können (Steiner, 2009, S. 11).

Literaturverzeichnis

Arenberg, P. (2016), Teamentwicklung, 5. Aufl., Studienbrief der SRH Fernhochschule, Riedlingen.

Aritzeta, A., Swailes, S. & Senior, B. (2007). Belbin's Team role Model: Development, Validity and Applications for Team Building. *Journal of Management Studies*, 44, S. 96 – 118.

Bank, S. (2018). *Das ideale Projektteam: Fähigkeit, Motivation und Teamzusammenstellung* (1. Aufl.). Wiesbaden: Springer.

Berger, P. (2018). *Praxiswissen Führung. Grundlagen – Reflexion – Haltung* (Aufl. 1). Berlin: Springer Verlag.

Fersch, J. M. (2005). *Erfolgsorientierte Gesprächsführung. Leitfaden für effektive und effiziente Mitarbeitergespräche und Mitarbeiterbesprechungen* (Aufl. 1). Wiesbaden: Gabler Verlag.

Genc, C. (2017). A Changing World: A Discussion of the Belbin's Team-Role Theory. Zugriff am 26.01.2020. Verfügbar unter https://www.linkedin.com/pulse/changing-world-discussion-belbins-team-role-theory-cem-genc

Hagehülsmann, U. & Hagehülsmann, H. (1998). *Der Mensch im Spannungsfeld seiner Organisation: Transaktionsanalyse in Managementtraining, Coaching, Team- und Personalentwicklung* (Aufl. 3). Paderborn: Junfermann Verlag GmbH.

Heiml, H. (2017): *Social Competencies for Managers. Nutzen und Anwendungsrenzen der Transaktionsanalyse anhand eines Beispiels im Kontext der betrieblichen Praxis.* Krems: Donau-Universität.

Heinemann, F., Weiß, K., Sander, T., Spieker, M. & Strigel, M. (2009). *Erfolgreiche Unternehmerteams: Teamstruktur – Zusammenarbeit – Praxisbeispiele* (Aufl. 1). Wiesbaden: Springer.

Koschany-Rohbeck, M. (2018). *Praxishandbuch Wirtschaftsmediation. Grundlagen und Methoden zur Lösung innerbetrieblicher und zwischenbetrieblicher Konflikte* (2. Aufl.). Ascheberg: Gabler Verlag.

Lal Kaila, H. (2005). *Human resource management* (Aufl. 2). Delhi: Kalpaz Publications.

Luckau, P. (2018), Kommunikation: Theorien, Modell und Techniken. 1. Aufl., Studienbrief der SRH Fernhochschule, Riedlingen.

Nowak, R. C. (2011). *Transaktionsanalyse und Salutogenese. Der Einfluss transaktionsanalytischer Bildung auf Wohlbefinden und emotionale Lebensqualität* (Aufl. 1). Münster: Waxmann Verlag GmbH.

Siegel, T. (2018). *Mitarbeitergespräche in Steuerkanzleien. Erfolgreich kommunizieren und motivieren* (1. Aufl). Wiesbaden: Gabler Verlag.

Steiner, C. (2009). *Wie man Lebenspläne verändert: die Arbeit mit Skripts in der Transaktionsanalyse* (Aufl. 12). Paderborn: Junfermann Verlag GmbH.

Recklies, D. (2001). *Die richtige Zusammensetzung des Teams – Belbin's Team Roles.* Zugriff am 25.01.2020. Verfügbar unter https://managementportal.de/pdf/Teamrollen.PDF

Rosner, S. / Winheller, A. (2019). *Gelingende Kommunikation. Ein Leitfaden für partnerorientierte Gesprächsführung, professionelle Verhandlungsführung und lösungsfokussierte Konfliktbearbeitung* (5. Aufl.). Augsburg: Rainer Hampp Verlag.

BEI GRIN MACHT SICH IHR WISSEN BEZAHLT

- Wir veröffentlichen Ihre Hausarbeit,
  Bachelor- und Masterarbeit

- Ihr eigenes eBook und Buch -
  weltweit in allen wichtigen Shops

- Verdienen Sie an jedem Verkauf

Jetzt bei www.GRIN.com hochladen und kostenlos publizieren